我们的汉字

WO MEN DE HAN ZI

全景图说中国文明

赵娜◎著

童悦◎绘

中国轻工业出版社

图书在版编目（CIP）数据

我们的汉字 / 赵娜著；童悦绘．-- 北京：中国轻工业出版社，2025.3. --（全景图说中国文明）．

ISBN 978-7-5184-5145-6

Ⅰ．H12-49

中国国家版本馆 CIP 数据核字第 2024NA3824 号

责任编辑：李　锋　罗雅琼

策划编辑：李　锋　　责任终审：高惠京　　封面设计：董　雪

版式设计：李　涛　　责任校对：吴大朋　　责任监印：张京华

出版发行：中国轻工业出版社（北京鲁谷东街 5 号，邮编：100040）

印　　刷：北京博海升彩色印刷有限公司

经　　销：各地新华书店

版　　次：2025 年 3 月第 1 版第 1 次印刷

开　　本：889 × 1194　1/12　印张：4

字　　数：100 千字

书　　号：ISBN 978-7-5184-5145-6　定价：45.00 元

邮购电话：010-85119873

发行电话：010-85119832　010-85119912

网　　址：http://www.chlip.com.cn

Email：club@chlip.com.cn

231259E3X101ZBW

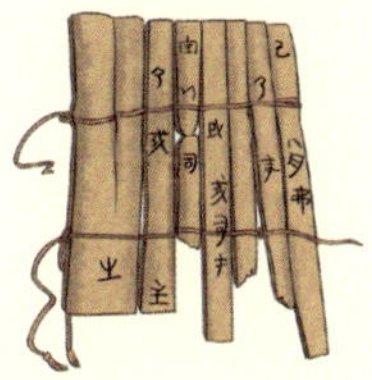

目录

导读

远古时代

人们用打绳结的方式来记事。

新石器时代晚期

人们把符号或者图形刻画在各种兽骨、陶器上。

商朝晚期

人们在甲骨上刻画文字，甲骨文是中国目前已知最早的文字。

西周

青铜器上的金文，记录着重要事件。

春秋战国

符号线条取代图画，大篆石刻兴盛。

秦朝

李斯造小篆，多见于量器、钱币、兵符和印章上。

汉朝

书写要快，连笔的章草和今草应运而生。

魏晋南北朝

介于楷书和草书之间的行书让我们认识了王羲之和他的《兰亭序》。

唐朝

楷书起源于汉末，在唐朝走向巅峰。

南宋

各式各样的印刷字体层出不穷。

当代

汉字由繁体字变身简体字，名扬海内外。

如今

文字被加工、美化、装饰成为各种艺术字，随处可见。

未来

未来的汉字会在真空中漂浮起来吗？或者人们用意念就可以完成交流呢？

结绳记事，最早的文字密码

在真正的文字诞生之前，人们为了记住发生过的重大事件，发明了各种各样的记事方法，其中使用较多的就是结绳记事。

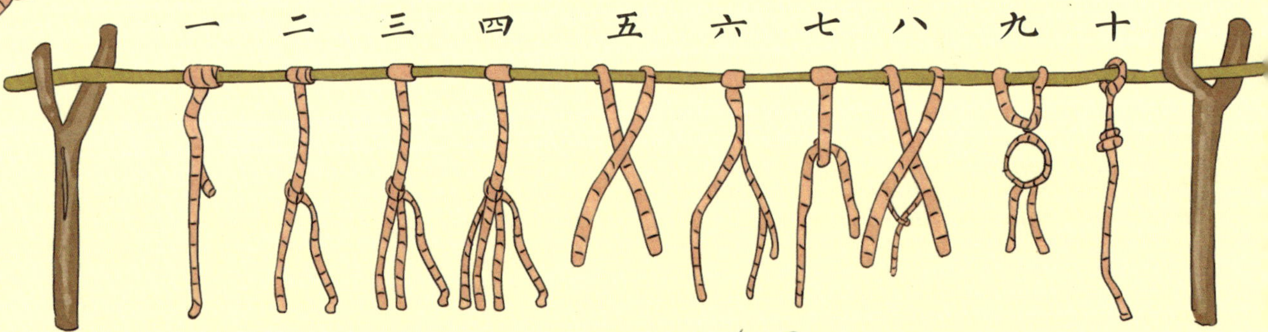

结绳记事来了

结绳记事相当于最早的文字密码。人们使用粗细不同的绳子，根据事件的性质、规模或数量等，在绳子上打成不同间距、大小和样式的结。这些结通常由部落首领或指定的记录者，遵循既定的规则来记录和解读，以此传递信息。

结绳有规律可循

人们用柔软、有韧性的树皮搓成细绳，然后将这些细绳整齐地排列并悬挂起来，开始打结。大事打大结，小事打小结。人们还利用植物染料，把细绳染成不同的颜色，每一种颜色代表一类事物。

好玩的记事法

中华人民共和国成立之前，中国的一些少数民族仍然保留着结绳记事的传统。

独龙族在出远门时，每走一天就打一个绳结，以此来记录经过的天数。亲友间约定相聚，则用两根细绳，打上相等的结，各保存一根，每过一天或走了一天，就解一个结，等全部绳结解完，双方会准时出现在约定的地点。

结绳上的“字”你认识吗

人们在绳索或类似物件上打结以表达某种意思，用来传达信息、处理事件，这种做法留下了不少生动的“象形字”的影子。下面是中国西南地区的少数民族傈僳（lìsù）族用结绳法来记账。

云南的哈尼族，借债时会用同样长的两根绳子打同样的结，双方各执一根作为凭证。

不只在中国，国外也有结绳记事的传统。古秘鲁的印第安人会在绳子上打许多结头，结头离棒越近，表明事情越紧急。绳结的不同颜色代表不同的含义：黑结代表死亡，白结代表和平，红结代表战争。

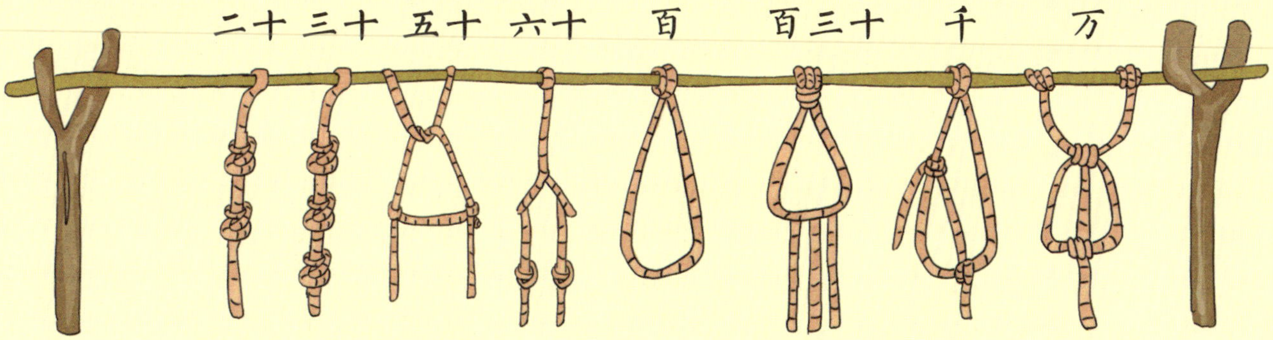

小知识

结绳的新身份

文字产生以后，结绳仍然存在，只是它的意义发生了改变。其中，“米”“十”“S”形的绳结，都被赋予了各种情感和愿望。“同心”结更是成为爱情的信物。

汉字究竟是谁发明的

关于汉字的起源有很多传说，其中最有代表性的是仓颉造字。仓颉是中国古代神话中汉字的创造者，关于他的传说有很多，有人认为他是黄帝的史官，黄帝因结绳记事的方式不够准确，命仓颉造字。当然，也有一些其他的看法。但无论哪种传说，都彰显了古人对造字的伟大智慧。

仓颉是如何造字的

1. 传说仓颉长相奇特，四只眼睛炯炯有神，特别擅长观察天上的星象、地上的鸟兽。由于他十分聪明，所以黄帝命他造字。

2. 仓颉为了专心造字，在一座高台上修建了一所大房子。他苦思冥想，却没有想出好办法。

3. 有一天，一只凤凰飞来，嘴里叼着的东西正好掉在仓颉面前。仓颉拾起来，看到上面有一个脚印，可他看不出，这是什么动物的脚印。

伏羲造字的传说

《史记·补三皇本纪》中有记载，伏羲是先于黄帝和神农氏的君主，他创造了书契，取代了原始的结绳记事。他用八卦记录占卜结果，这些八卦可以被视为最简单的文字或画符，算是文字的开始。那么，伏羲是如何创造出八卦的呢？

相传，在伏羲继位之后，人们经常因结绳记事的账目不清或账目被毁而发生争斗。为了解决这个问题，伏羲心里十分着急，他日夜苦思冥想，想找到解决办法。终于有一天，他发现黄河里出现了一匹龙马，身上背着河图。伏羲根据这张河图，最终创作出了八卦。

你认识这些字吗？

相传，仓颉当时一共造出了 28 个字，被称为“造字圣人”。

八卦

黄河里一匹龙马出现，背上背着“河图”。

4. 他问走过来的猎人。

5. 仓颉听了猎人的话很受启发：世界上的任何东西，只要根据它的特征，画出图像，大家不就都能认识并记住它了吗？从此，仓颉开始仔细观察各种事物的特征，在此基础上创造出了“文”，后来又对“文”进行了规范，造就了“字”。

尽管仓颉造字与伏羲发明书契的故事流传甚广，但它们均属于传说，尚未得到确凿史料的证实。文字的发明是一个漫长而复杂的过程，不可能单独归功于某一个人。不过，这些古老传说中蕴含的古人对于文字创造的探索精神与不懈追求，值得我们学习。

它们是契刻符号，也是“汉字”

契刻与结绳记事类似，都是文字正式出现前的一种记事方式。契刻是以符号的方式，被古人刻在竹片、木片、陶器、兽骨上，用来记录当时发生的重要事件或数据。让我们一起去看看，古人是如何利用契刻符号，进行日常交流的。

符号被刻在竹片、木片上

古时候人们签订“契约”时，数目最重要。于是，人们就用契刻的方法，将数目用一定的线条作为符号，刻在竹片或木片上。然后，人们把这份契约从中间分开，一分为二，双方各执一半，两份完全吻合为凭证。

古时候，签订好的契约可不能丢失，否则会造成损失。

符号被刻在石壁上

契刻这一记事方式最初只是用来帮助记录数目，类似债务凭证。后来，人们想到用图画代表某种具体的事物，于是开始在悬崖、峭壁、洞窟等地方刻画。

人们在坚硬的石壁上雕凿图画，不单单是为了欣赏，更多是用来记事。

小知识

考古大发现

在内蒙古的阴山，有一个长约 300 千米的超大岩壁，上面凿刻了成千上万幅岩画。其中就有一些只用线条刻画出来的简单壁画。四个身上系着长长尾饰的舞者，手牵着手，正在欢快地跳舞，他们双臂挥舞，周围站满了人和动物。

符号被刻在陶罐上

随着火被人类发现和运用，人们掌握了烧陶的技术，在陶器上刻画花纹和图案。奇幻多变的几何图样、活泼奔放的飞鸟、神秘的人面鱼、生动的舞蹈人等，这些花纹和图案都代表着某种含义，和文字有着一定的关系。

距今时间	出土地的刻画符号
距今 8000 年	裴李岗文化贾湖刻画符号
距今 7300 年	蚌埠双墩遗址刻画符号
距今 8000—5000 年	大地湾刻画符号
距今 7000—5000 年	仰韶文化彩陶刻画符号
距今 5000 多年	良渚文化刻画符号
距今 5000 多年	大汶口陶尊刻画符号

距今 8000 年的裴李岗文化贾湖刻画符号

贾湖遗址位于河南省漯河市舞阳县贾湖村。贾湖刻画符号是人类目前发现的最古老的契刻符号，它的发现表明，在距今 8000 年的新石器时代，中原大地已出现了原始文字符号。

贾湖遗址发现的“目” 字刻画符号。

距今 8000—5000 年的大地湾刻画符号

大地湾遗址是中国彩陶的起源地。考古学家在大地湾遗址出土的陶片上发现了 20 多种刻画符号。这些发现丰富了我们对古代文字起源的认识。

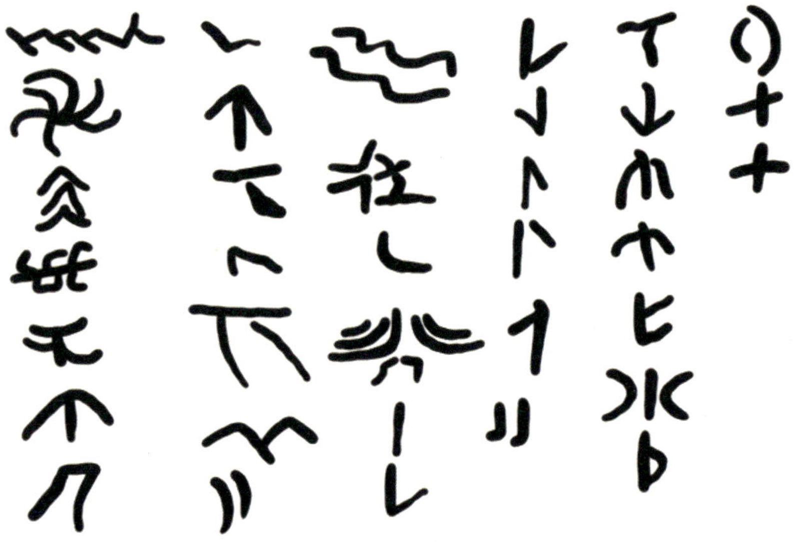

距今 7300 年的蚌埠双墩遗址刻画符号

双墩遗址出土了 633 件带有刻画符号的陶器，刻画内容主要和狩猎、捕鱼、网鸟、养蚕、种植等生活相关。

双墩遗址陶器底的刻画符号。

距今 7000—5000 年的仰韶文化彩陶刻画符号

仰韶文化是分布在黄河中游的新石器文化，彩陶上的纹饰不仅有几何图形和线条，也有写实写意的图像，如鱼、猪、蛙、羊、人头等；还有简单的刻纹及画纹，起到记号的作用。

距今 5000 多年的良渚文化刻画符号

良渚文化距今 5000 多年，是长江下游环太湖地区新石器时代晚期的代表性考古学文化。据统计，目前在 500 余件良渚文化陶器上发现的刻符总数超过了 600 个。

黑陶罐上的刻画符号。

距今 5000 多年的大汶口陶尊刻画符号

在山东大汶口文化遗址中发现的陶器中，不少刻有陶文符号。从陶文中能看出，文字大多以象形为基础，再经图画符号演变而来，最后加工成表意文字，其中的象形元素主要包括日、月、山、树等。

丁公陶文。

被刻在兽骨上的符号

随着人类文明的推进，人们也会把符号或者图形刻在兽骨上，用来表达某种含义。

在兽骨上刻画需要用尖锐、坚硬的石头。

甲骨文是现代汉字的鼻祖

商朝晚期，用符号来表达某种含义的方式逐渐定型，慢慢演变成了大家熟知的“甲骨文”。这是我国目前已知最早的成系统的文字体系，是现代汉字的直系祖先。

一次意外的发现

1899年，喜欢研究古文字的王懿荣患上了疟疾，去药店买了一味叫作“龙骨”的药材。他在龙骨残片上发现了一些刻符，用手指触摸，能明显感觉到有凹凸刻痕。王懿荣立刻命人将药店里的龙骨全部买回，潜心钻研，就此发现了甲骨文，从此敲开了尘封几千年的殷商王朝历史。

字为什么被刻在甲骨上

商朝人普遍迷信鬼神，大多数事情都要占卜一番，而占卜所使用的重要工具就是龟甲。人们事先在龟甲上刻好字，然后将其放入火中煅烧，发出“卟卟”的声音，占卜之名便由此而来。后来，人们还在龟甲上记录占卜的时间、内容、预估情况、应验情况等，并作为档案材料由王室史官保存，这类文字就被称为“卜辞”。

商朝人占卜那些事儿

推算十天内会不会有灾祸。

推算战争的胜败。

推算生育是否顺利。

推算会不会下雨。

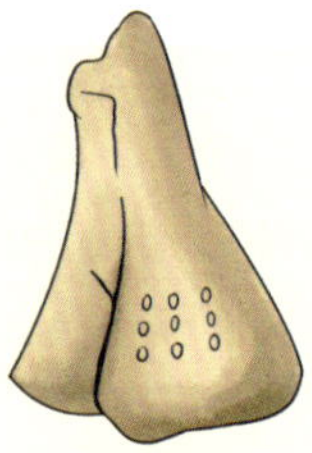

商朝人怎么占卜

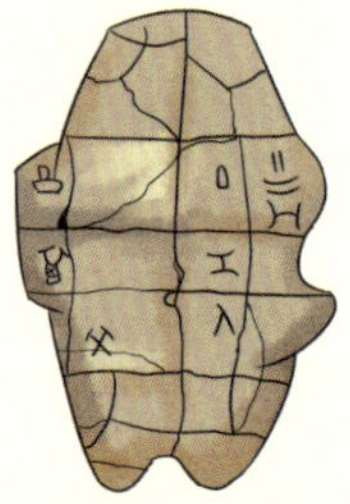

占卜时，巫师会根据甲骨上烧出来的裂纹的形状来判断吉凶，这种裂痕叫作“兆”。

除了在龟甲上刻字，人们也会在乌龟腹甲上刻字，甚至连牛肩胛骨也是甲骨文的常用载体。

神奇的甲骨文

至今为止，在被发现的殷墟甲骨文中，出现的单字数量达到 5000 左右，不过，识别出来的只有 1700 多个字。甲骨文自成体系，有着非常明显的特点。首先，它象形性很强，文字和所指代的事物非常相似。其次，文字瘦硬坚实、挺拔，颇有骨感之美。甲骨文的文字结构多变，同一个字可以有不同的写法。

那么，根据甲骨文的特点，你能把下面三幅图中的甲骨文，与右边田字格中的现代汉字一一对应上吗？

马 鹿 鸟

龟 鱼

据说，商朝已经出现了竹简，不过还没有出土相关的文物，但是甲骨文的发展已经很成熟了。右图中是步、为、伐三个字，你能一一对应上吗？写到对应的田字格中吧！

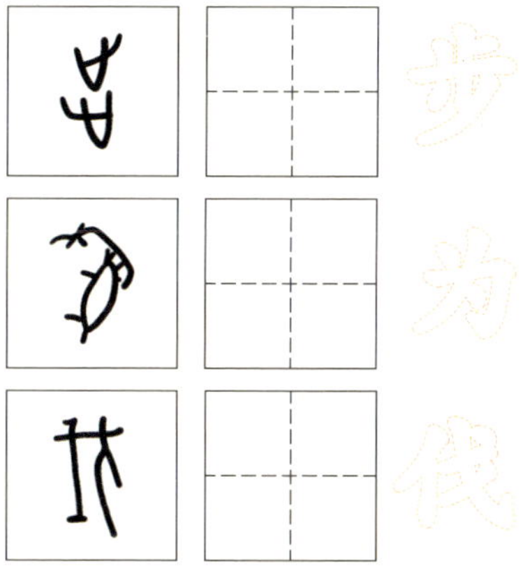

甲骨文中，同一个字往往有不同写法，你能看出左图中这个字是什么吗？写在下面的田字格中吧！

羊

青铜器上的金文

金文又叫钟鼎文，是指铸刻在青铜器上的文字。从西周时期开始，青铜器被大量铸造并使用。它们造型独特，雕刻的纹饰也极为精美，同时，浇铸在上面的文字篇幅也逐渐增长。由于周朝人称铜为金，所以这些文字被叫作金文，它们记录了当时社会发生的重大事件。

青铜器上的金文是怎么来的

金文到底是怎么“写”在青铜器上的，史学家众说纷纭，各执一言。范铸法就是其中一种。

1. 用陶土做成待烧制的青铜器形状的实心泥模，再根据需要刻上花纹或文字。

2. 在泥模上刷一层油，敷上一层厚厚的泥土，放在阴凉处晾干，分块制成外范。

3. 修整外范后，再把小块外范拼接成大块。同时，做一个与青铜器底部相对应的底范。

4. 把泥模上的花纹或刻字刮去一层厚度，形成一定的空隙，制成内范。

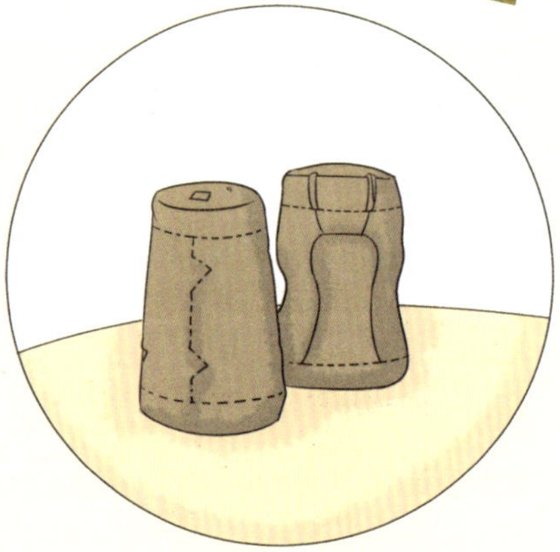

5. 把内范和外范合并在一起，形成一个完整的泥范。

6. 在高温下，将捆紧后糊以泥砂或草拌泥的泥范放入窑中烧制。范烧好后，再将熔化的铜液注入泥范顶端留好的小孔。

7. 铜液冷却凝固后，从范中取出青铜器进行修整，经过锤击、锯锉、錾（zàn）凿及打磨，消去多余的铜块、毛刺、飞边。青铜器便做好了。

怎么用金文与甲骨文写“家”字

金文和甲骨文的象形程度都很高，但是书写用的工具大不相同。我们以“家”字为例，甲骨文用刀刻写在坚硬的甲骨上，字的棱角比较多，笔画瘦，线条细；金文则是浇铸在青铜器上，在泥模上刻写较为容易，所以，笔画粗，圆笔更多。

同一个字的金文写法有很多种

同一个字的金文写法有很多种，例如，“射”字有很多种不同的形状，“家”字也有很多种写法。一起学学这两个字的不同写法吧！

甲骨文“家”字的写法。

金文“家”字的写法。

古人选择定居时，就会饲养“猪”，所以“房子里有猪”，就被称为“家”。

箭在弦上，一触即发，就是“射”字，有时还会在旁边加上一只手。

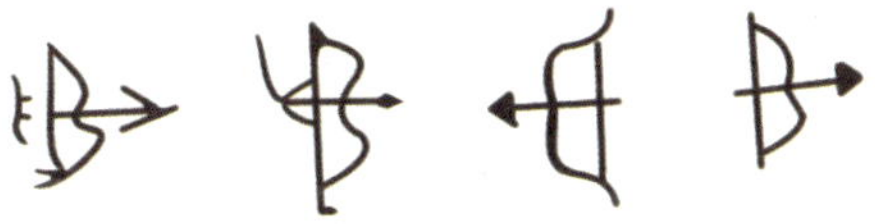

金文的发展

青铜器上的文字早在商朝就已经存在，只是数量比较少，普遍都是几个字，内容大多是一些族徽标志或者器主名字。

西周时期的青铜铭文发展很快，不仅青铜器上的文字变多了，书写内容也日益丰富，涵盖了契约铭文、土地转让、家族历史及婚姻等多个方面。

商朝的妇好鸮（xiāo）尊，内壁刻有“妇好”二字。出土时，原器为一对两只，分别收藏于中国国家博物馆和河南博物院。

西周格伯簋（guǐ），内壁铭文记载了格伯以良马 4 匹与倗（péng）生交换土地 30 田；其传世共四件，收藏于故宫博物院等处。

小知识

最长的金文

迄今为止，被发现的刻有金文字数最多的青铜器是周宣王时期铸造的毛公鼎。鼎上的金文共有 32 行，近 500 字，记录了周宣王告诫及赏赐大臣毛公的事情。

大篆是方块字的鼻祖

西周后期，一款新的文字慢慢取代了金文，它的名字叫“大篆”。与金文的粗笔画相比，大篆的笔画偏细，线条感更明显。单个字的字形也固定了下来，不再像甲骨文及早期金文那样有多种字形。到了春秋战国时期，那些看上去像图画的文字逐渐减少，而笔画更为简单的书写形式逐渐流行起来，这便是方块字的鼻祖——大篆。

谁发明了大篆

相传，西周周宣王在位期间，太史籀（zhòu）对当时的金文做了改进，使得字体结构更加均衡，左右分布均匀，长短疏密搭配也更为和谐。这种改进后的字体被视为篆书的雏形。此外，太史籀还创作了经典名作《史籀篇》，这部作品在先秦时期被广泛用作儿童启蒙教育的识字课本。

小知识

曾侯乙编钟

1978年出土于湖北随县（今湖北随州）曾侯乙墓的曾侯乙编钟，是战国早期曾国国君的一套大型礼乐重器，现藏于湖北省博物馆，是其镇馆之宝。曾侯乙编钟的出土不仅改变了世界音乐史，编钟上的铭文也是后世研究青铜器铸造技术、文字演变的重要文献资料。编钟上共有铭文3755字，笔画纤细圆润。战国时，大篆艺术逐渐发展至成熟阶段，书体也变得多姿多彩。

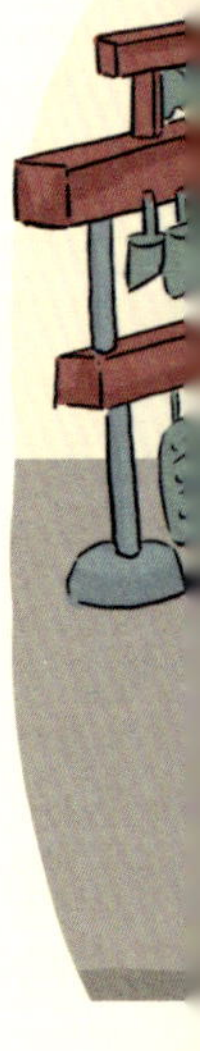

石鼓文，国宝中的国宝

到了春秋战国时期，有人把文字刻在长得像鼓的石碣（jié）上，这种文字被称为“石鼓文”。唐朝初年在天兴县（今陕西凤翔）发现了 10 个刻有文字的石鼓文，石鼓上的文字就是大篆。这些文字主要记录的是出游打猎的场景，同时也歌颂了田园与游猎之美。时至今日，石鼓仅存 9 个，收藏在故宫博物院，鼓上文字有多处残缺。

小知识

石鼓文的影响力有多大

石鼓文，字体方整，端庄凝重，笔力劲健，章法匀称清朗，有雄浑朴茂的艺术美感，被历代书法家视为练习篆书的重要范本，有“书家第一法则”之誉。

有趣的大篆石刻

秦国还有一种颇具特色的石刻文字——诅楚文。当时，秦国和楚国处于敌对状态，经常发生战争，为此两国积怨很深。为了表达不满与祈求胜利，秦王竟向神灵祷告，历数楚王的恶行，请神灵降罪于楚王。

这就是秦王对敌人的诅咒，秦人把这些诅咒刻在石头上，永世不可磨灭。

秦朝统一文字：小篆

公元前 221 年，秦始皇完成了统一六国的丰功伟业，建立了中国历史上第一个中央集权的“大一统”帝国。秦始皇统一六国后，他发现了一个大麻烦，因原先各国的制度、语言、文字不同，使得秦朝的政令传达、贸易往来等都非常不便，例如“马”字，当时就有多种写法。于是，秦始皇推行了“书同文”政策，统一全国的文字。

大篆与小篆的不同

大篆把笔画变成线条，有些字还留有象形的影子。

小篆偏旁部首的位置基本固定，结构更加匀称，体型偏瘦长，笔画去掉了硬折的轨迹，线条变得极其匀称，图画性减少，线条符号性明显增强。

小知识

秦朝的启蒙识字书

秦始皇统一六国后，实施了“书同文”政策。在这一政策下，丞相李斯主持编写了《仓颉篇》、中车府令赵高编写了《爰历篇》、太史令胡毋敬编写了《博学篇》。这三篇文章没有直接模仿《史籀篇》中的大篆笔法，而是改良成小篆，作为秦朝的标准字样教材被推行于全国。这些文章和《史籀篇》一样，都是当时的启蒙识字书。

小篆问世，全国推行

小篆出现后，秦始皇以政令的形式向全国推行。当时，诏令、兵符、印章、权（量器）、书简等均为小篆字体。

秦始皇是个勤于政务的皇帝，他经常巡游天下，四处考察。他曾登过泰山，大臣们为了歌颂秦始皇的功绩，在石碑上留下了小篆字迹，这便是历史上著名的秦石刻，为小篆第一人李斯所写。

刻在石头上的小篆。

刻在秦朝货币上的小篆。

刻在虎符上的小篆。

刻在权上的小篆。权是测定和统一物体轻重的器具。

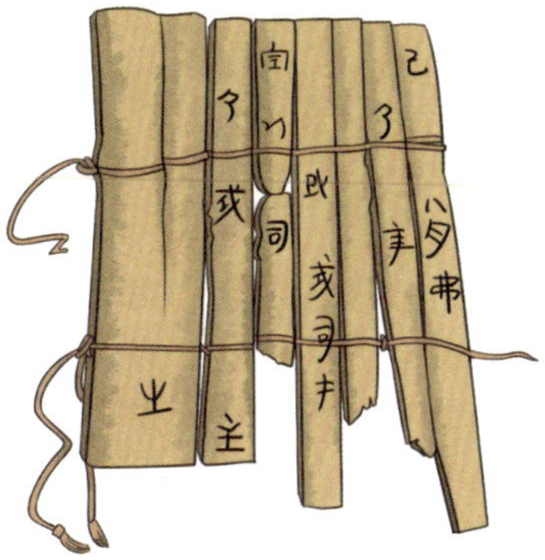

写在秦简上的小篆。

刻在印章上的小篆。

小知识

许慎与他的《说文解字》

许慎，东汉时期的经学家、文字学家，字叔重，著有汉字史上最重要的一部书——《说文解字》。该书以小篆为主体，解析字的写法、读音、意思等。书中一共收录了9353个汉字（除异体字外），是后人研究汉字发展的重要参考文献。

隶书，有点儿现代汉字的模样了

秦朝时期的小篆，字形规整、端庄大方，但它有一个很大的缺点——字形复杂，书写者需要极具耐心与细心，手中的笔需要又慢又稳才行。如果字写得多了，手就会酸痛难耐。相传，秦始皇每天要看一百多斤的奏折，试想用小篆书写奏折的人要花费多少时间。于是民间开始流行另外一种字体，名为“隶书”，也叫“秦隶”。但直到西汉中期，隶书才取代小篆，成为广泛使用的字体。

隶书第一人

相传，秦朝有个负责抄写文书的小官吏程邈（miǎo），他觉得小篆书写笔画繁琐，极大地影响了公文的书写速度。于是，他花了整整十年光阴钻研字体结构，并广泛搜集民间的各种书体，潜心研究，改进了小篆。

程邈的官职在当时被称为“隶人”，所以人们把他发明的文字叫作“隶书”。

汉字的隶变

汉字由小篆变成隶书的过程，称为“隶变”。隶变标志着汉字由古文字阶段迈入今文字阶段，是古今文字的分水岭。

下面以“贝”字的隶变为例，简要展示这一过程。

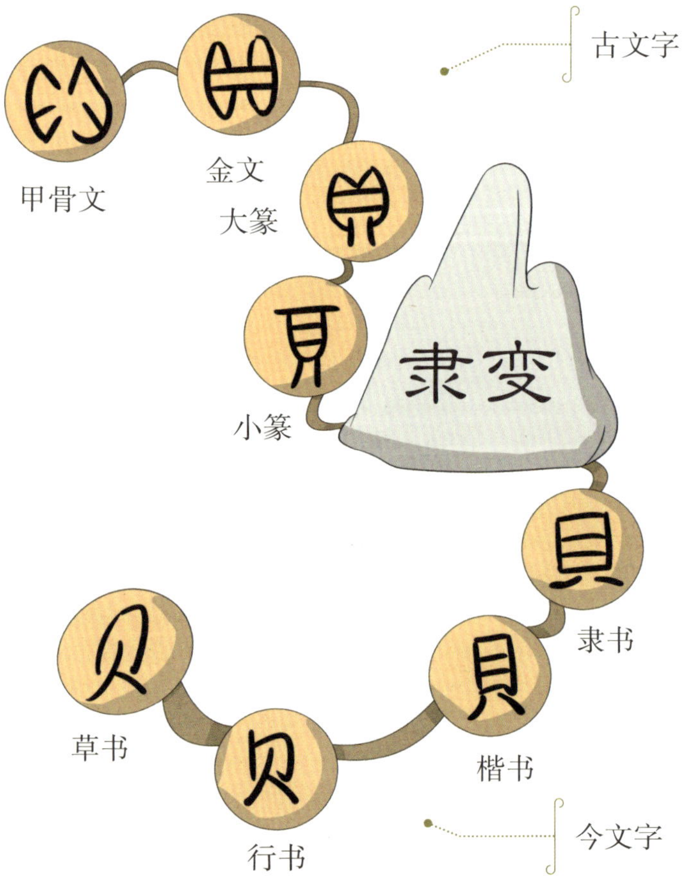

隶书的特点

为了适应书写工具的变化，人们逐渐把篆书圆转的笔画简化成了方折。在这一过程中，以前圆润的汉字特征逐渐减弱，一笔一画、方正有力的感觉变得更加突出和明显。

在隶书中，鱼、鸟、马、象等字已经完全看不出来动物本来的形状了。

隶书变变变

小知识

隶书在写法上简单了许多，同时也给一些字增加了偏旁，变出了许多新的字。如：

莫 + 日 = 暮

采 + 手 = 採（后简化为“采”）

隶书把字从圆形变成方形后，我们就不用在汉字上寻找图形了，写字时只需要一笔一画地照着写就好了。

隶书通常被写在哪里

隶书大多被写在简帛和石刻上。其中简帛是指竹简和帛书；石刻则涵盖了碑刻和摩崖等多种形式。战国晚期至西汉晚期，篆书逐渐演变为隶书，主要以简帛作为书写载体。

写在木牍上的隶书。

写在竹木上的隶书。

写在帛书上的隶书。

刻在石头上的隶书。

《熹平石经》

小知识

《熹平石经》又称《汉石经》或《一字石经》，是中国古代最早刻在石碑上的官方儒家经书。公元 175 年开始刊刻，历经 9 年完工。石经采用隶书书写，文字自右向左排列，每行字数不尽相同。所刻经书包括《鲁诗》《尚书》《周易》《仪礼》《春秋》《公羊传》《论语》等儒家经典。自东汉末年起，石经不断遭到毁坏，直到唐朝初期，完好的石经已不足十分之一。此后，石经慢慢消失于历史长河中。直到宋朝，石经的残损石片才陆续被发掘出土。

连笔草书，书写更快速

汉朝时期，草书问世，它是从隶书演变而来的。草书的特点是大量使用连笔、省略等方式来提高写字速度，有章草、今草、狂草之分。

速度成就新字体

从战国时期到秦末再到汉初，由于政治局势动荡、军事活动频繁、狱讼事务繁杂，公私文书往来异常频繁，导致公务文书堆积如山，给当时的执政者在书写速度上提出了更高要求。于是，篆书的草写应运而生，这便是草篆。

章草初问世

随着时代的发展，草篆逐渐演变。西汉时期，史游在篆书和隶书的基础上改良出了新字体——章草。史游是汉元帝时的一个小官，精通字学，擅长书法，于是被委任一年内编出一本适合儿童学习的启蒙书籍。书籍编写完毕后，史游用他独特的章草字体抄写了一份呈献给皇帝。汉元帝对史游的书法大加赞赏，并下令将这套书法在全国推广。史游写的这本书便是《急就章》，后人称其书体为章草，它也成为了中国古代儿童启蒙学习的重要书籍之一。

可惜史游作为章草的创始人，没有给后世留下书法经典。真正留下经典，教导我们应该如何书写草书的第一位老师，是东汉大书法家崔瑗（yuàn），他的《草书势》记载在《晋书·书恒传》中，后世评价很高。

且看今草独领风采

到了东汉末年的汉献帝时期，张芝对章草进行了创新，去掉了其部分繁复的笔势和笔锋，创立了中国草书的新体——今草，也常被称作“小草”。张芝因此被誉为“草圣”。

可惜，他的墨迹并未流传至今。目前，我们仅能从北宋的《淳化阁帖》中，看到他的一些刻帖作品，如《终年贴》《冠军帖》《八月帖》等。

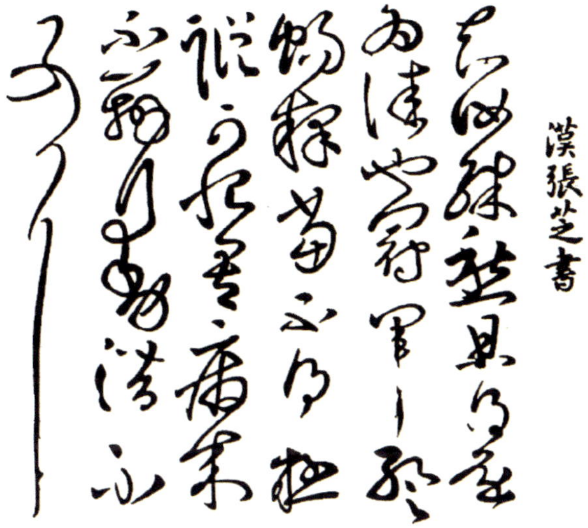

张芝的《冠军帖》。

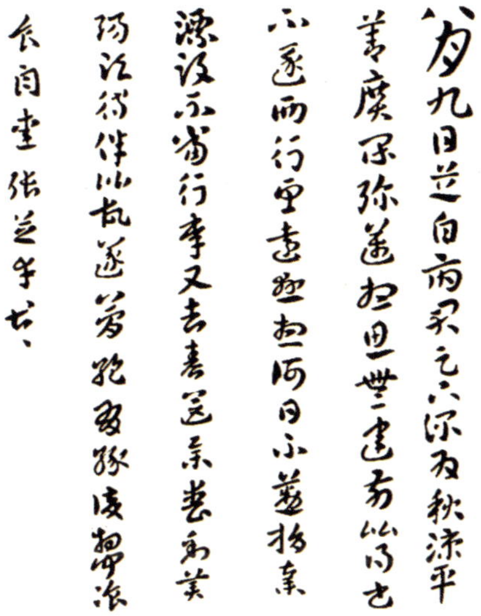

张芝的《八月帖》。

狂草双圣出世

唐朝人张旭、怀素在今草的基础上创立了史无前例的草书第三体——狂草，也叫“大草”，张旭、怀素被称为“狂草双圣”。

张旭是一位极具个性的草书大家。他常喝得大醉，呼叫狂走、手舞足蹈，然后回到桌前，落笔成书，甚至有时用头发蘸墨书写，这种狂放不羁的行为为他赢得了“张颠”的称号。他的作品在当时极为珍贵，人们只要得到他的片纸只字，都会视若珍品，世代珍藏。

怀素，唐朝时期的一位僧人，也是书法史上独树一帜的狂草大家。他的书法用笔圆劲有力，转环奔放流畅，一气呵成。怀素与张旭齐名，两人并称“张颠素狂”或“颠张醉素”。由于家境贫寒，怀素买不起纸张，只好在寺院的墙壁、器皿、芭蕉叶上练习书法，甚至专门制作了一块漆盘来练习。他的传世书法作品有《自叙帖》《苦笋帖》《圣母帖》《论书帖》《小草千文》等。

楷书，现代汉字手写体的标杆

楷书，是大家十分熟悉的字体，由隶书发展而来。但你可能不知，楷书最早可不是专指一种字体，而是指可以作为楷模的字或有法度的字。历史记载，楷书最早出现于汉末、魏晋时期，唐朝以后才变成现在楷书的样子。

三国时期楷书问世

三国时期，有一位痴迷书法的人，他就是钟繇（yáo）。有一次，他好不容易得到一本珍贵的书法理论书籍，便日夜苦练书法。相传，他每天晚上在被子上以手指为笔模拟书写，以此来加深记忆和手感。经过不懈的努力，钟繇终于成功地将隶书改成了楷书，被后世称为“楷书鼻祖”。

钟繇的代表作《荐季直表》，保留着隶书的影子。

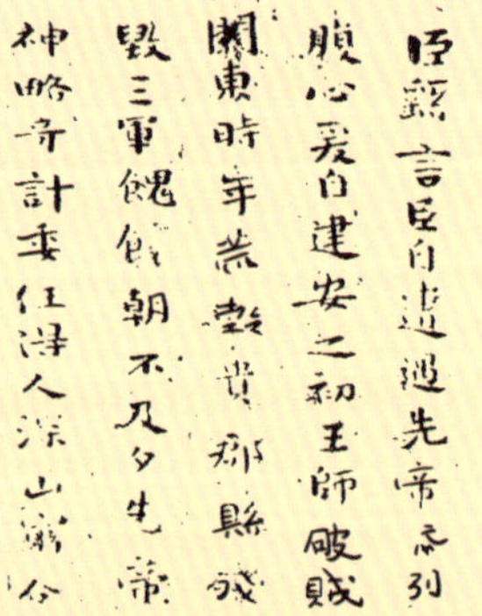

南北朝的石刻楷书

南北朝时留下的楷书文物不多，主要以碑刻为主。后世的书法家们对这些碑刻楷书十分珍惜，在临摹学习时，他们不仅要留意刀刻对笔法产生的影响，还要善于发现和捕捉那些因刀刻而带来的独特韵味和意外效果。

南北朝时期的石刻拓印文。

走向巅峰的唐朝楷书

在唐朝，楷书走上了巅峰，甚至成为人们科举入仕的一个必备条件。唐朝出现了多位楷书大家，如大书法家欧阳询。

欧阳询，初唐四大书法家之一，他的楷书世称“欧体”。

楷书到底长什么样

隶书，字形扁宽，宛如一个稳重的矮胖子；楷书，字形修长，犹如一个站立的翩翩少年。隶书书写时，每一笔一画都注重顿笔及捺脚的上挑，展现出其独特的韵味；而楷书则更加注重笔画的顺序和结构的严谨。楷书的基本笔画一共有 8 种，即：点、横、竖、撇、捺、提、折、钩，也就是“永字八法”。

楷书永字的写法。

隶书永字的写法。

宋朝皇帝自创新楷书

以书画见长的宋徽宗赵佶，起初只是临摹别人的楷书，后来自创“瘦金体”。这种字体起笔尖锐、用笔轻盈、落笔时则加重力道并利落收尾，转折的地方顿按有些夸张。

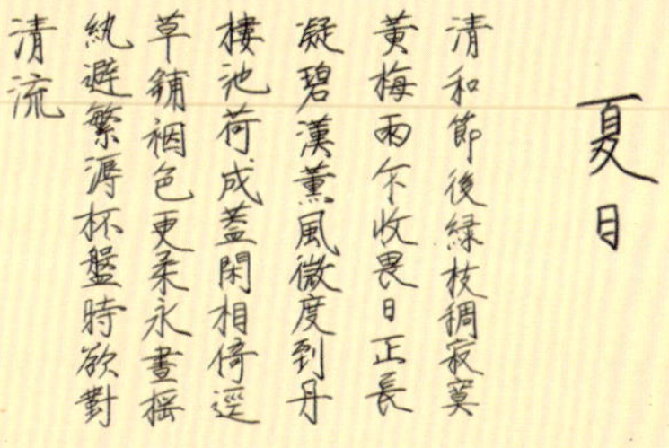

瘦金体。

清朝时期楷书再次盛行

楷书在经历了一段时间的低谷后，清朝时再次兴盛起来。人们又开始推崇在石碑上刻写文字，而楷书因其结构严谨、端庄秀丽，成了众多书法家们偏爱的字体。

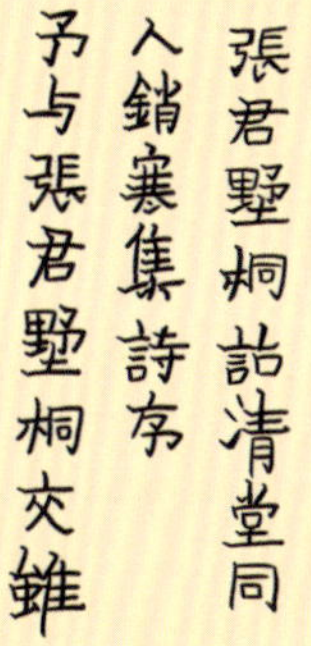

《消寒诗序册》。

金农，清朝画家、书法家，与汪士慎、郑板桥、黄慎、李鱓（shàn）、李方膺、罗聘、高翔并称为“扬州八怪”。金农不仅在绘画上造诣很高，书法作品也独具特色，其流传下来的楷书作品有《消寒诗序册》等。

楷书和草书共同孕育出行书

行书，古时又称“稿书”，是一种介于楷书和草书之间的书体。相传，它最早为东汉末年颍（yǐng）川人刘德升所创，由楷书演化而来，但比楷书写起来更简便、流畅、迅速。

于會稽山陰之蘭亭脩稧
也群賢畢至少長咸集此
有崇山峻領茂林脩竹又有清流激
湍暎帶左右引以為流觴曲水
列坐其次雖無絲竹管弦之
盛一觴一詠亦足以暢敘幽情
是日也天朗氣清惠風和暢仰

《兰亭序》冯承素摹本局部。

天下第一行书

东汉时期虽然初创了行书，却并未出现多少著名的行书名家。然而，到了晋朝，行书开始繁荣，尤其是被誉为“书圣”的王羲之，以行书最见长，其得意之作《兰亭序》被誉为“天下第一行书”，历经千年，仍为书法家们推崇。

历代行书大家

行书与楷书较像的称“行楷”，而与草书相近的称“行草”。行书的用笔比楷书活泼，比草书收敛。它书写速度较快且易于辨认，同时在章法上讲究参差变化，富有美感。历代行书大家众多，让我们一起去领略他们的风采吧！

颜真卿

唐朝是楷书的鼎盛时期，同时行书也很流行，出现了一批行书大家，留下了不少精品佳作。其中，颜真卿不仅楷书写得好，其行书也被历代书法家称颂不已。

颜真卿的《祭侄文稿》现收藏于台北故宫博物院。这是一幅正式撰写之前的草稿，上面有明显的涂改墨迹。

赵孟頫（fǔ）

赵孟頫是元朝画家、书法家，字子昂，号松雪道人、水晶宫道人。他除擅长绘画以外，还以书法著称于世，是元朝最负盛名的书法大家。他的书法风格承袭了晋唐传统，又兼具篆书、隶书、行书、草书的特点。

赵孟頫写给友人的书信被装裱成了书册，名为《行书十札卷》。

公元 353 年的春天，王羲之在兰亭（今浙江绍兴西南）组织了一场聚会。聚会上，大家让酒杯顺水流而下，酒杯在谁的面前停下，谁就得饮酒并吟诗一首。这些所作的诗句后来被收入一部叫作《兰亭集》的集子中，王羲之专门为它作了一篇序文，即流传千古的《兰亭序》。可惜的是，这幅书法真迹现已不知下落，我们能见到的都是后人的临摹本。

郑板桥

明清时期，书法风气更甚，帖学流行，书法大家众多，其中身为“扬州八怪”之一的郑板桥深为大家熟知。他有诗、书、画“三绝”的美称，行书作品《满江红》是其代表作之一。

郑板桥行书作品《满江红》节选。

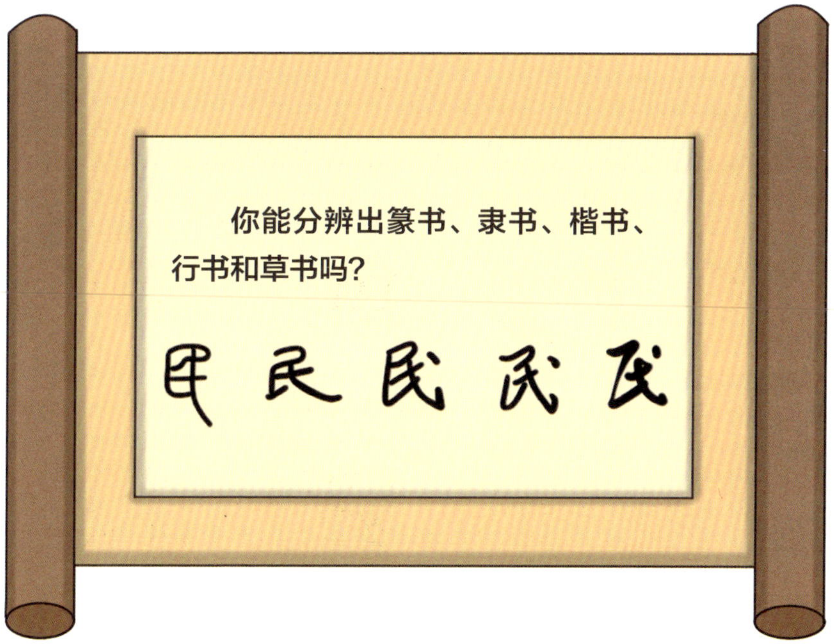

神奇的造字法：六书

边画边造字——象形字

象形字由图画发展而来，它起初与图画的区别很小。在发展过程中，象形字的图画特征逐渐减少，符号作用日益加强。直到今天，不少汉字依然保持着当年的风貌。

揭秘象形字的造字方法

象形字就是用线条将所要表达的物体外形简单勾画出来，类似简笔画。象形字表达的是在客观世界里，形象具体、看得见摸得着的事物，它们都是有形有体，具体存在的。

甲骨文中“人”的字形，像一个弯腰侧立的人，表示人特别谦虚，恭敬。

“龟”（繁体字为龜）字像一只龟的侧面形状。看，这个“龟”的甲骨文写法，是不是像一只活灵活现的“龟”？

“鱼”是一尾有鱼头、鱼身、鱼尾的游鱼。瞧，这个活灵活现的“鱼”，老祖宗造字的时候，连“鱼鳞”都没忘记呢。

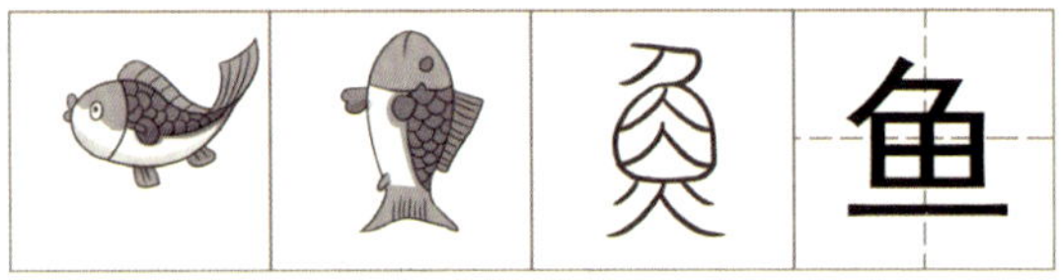

“门”字像一扇对开的门，小朋友看了是不是觉得很奇怪：“原来老祖宗的门是双扇的呀！”

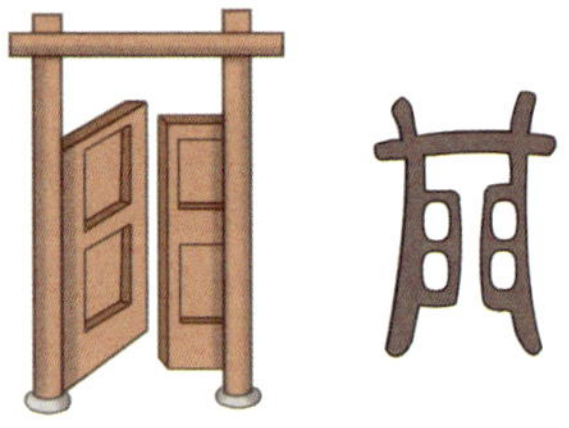

井是有栏的，用木条在井口搭起木栏杆，这个栏杆正好是“井”的字形。

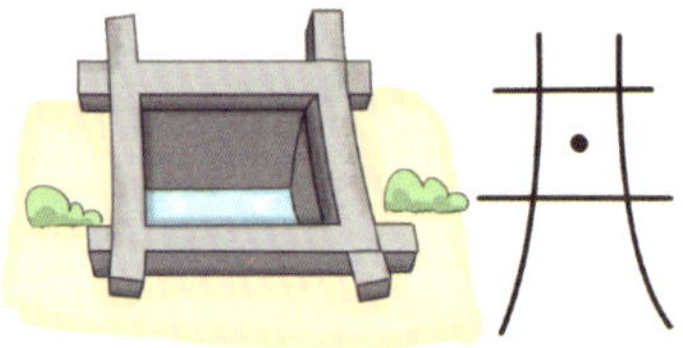

“日”字就像一个圆形，中间有一点，很像人们在直视太阳时所看到的形态。

壶是古代温酒用的器皿，上有盖子，下为大肚壶身，一看图形便知是个壶。

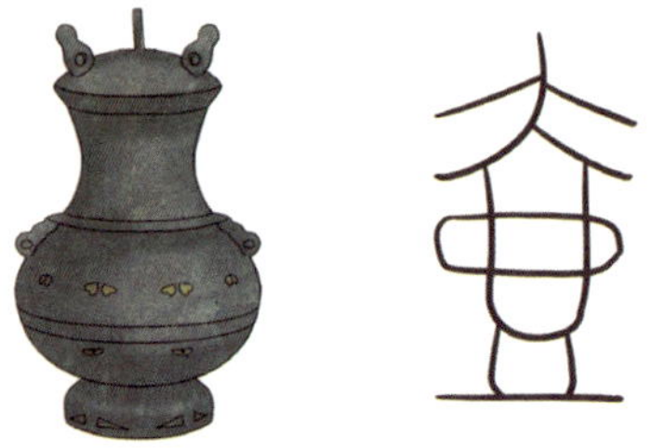

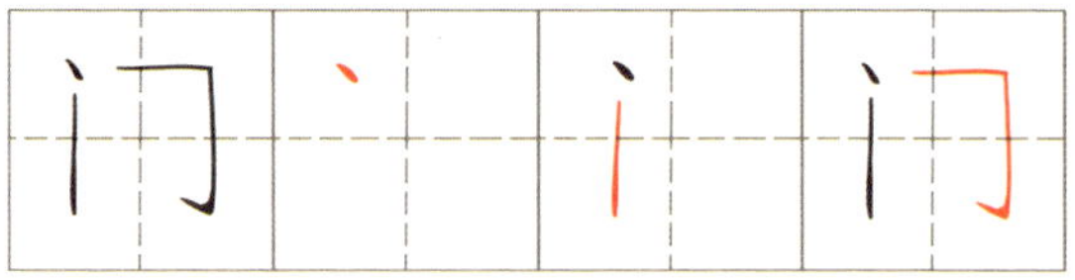

小知识

门字中横折钩的由来

现代的“门”字第三笔是“横折钩”，象形文字中的“门”没有钩。其实，入门入户的地方伸个“脚”出来容易把人绊倒，所以一直以来那一笔都是“竖”。后来，由于人们书写时习惯顿笔，天长日久便有了钩。

一起做游戏

小朋友，下面这幅画中，你能找到多少个象形字呢？

答案：山、水、木、日

视而可识，察而见意——指事字

聪明的古人在象形字的基础上，造出了更加丰富和复杂的字。这些新字虽然形态各异，但仔细观察，仍能隐约可见象形字的影子。比如“本”字有树根之意，可这树根怎么表达呢？总不能画无数根须吧？于是，人们想到一个办法——在代表树木的象形字“木”的底部加一横，以此来指事，明确表示这个字义是指树的根部。

小知识

本与末

说到“本”字，就不能不提到“末”字。这两个字在意义上形成了鲜明的对立，“本”通常指事物的根本或基础，而“末”则指事物的末端或非根本部分。“本”字在造字时通过在“木”字底部加一横来指示树根，“末”通过在“木”字上方加指示符号来表示树梢。因此“本末倒置”这个成语形象地表达了这两个指事字在意义上的颠倒。

“上、下”是表明方位的文字，这象形字就没招儿啦！于是就出现了“上、下”这样的指事字。

古人十分聪明，他们画了一条线，在这条线上面再画一个指事符号，表示“上”这个方位；“下”就在下面画一个指事符号，表明“下”这个方位。

在古代的一些“母”字字形中，人们会通过添加指事符号，如点或简单的线条，来象征性地表示女性的乳房特征，以突出母亲哺育后代的任务。“母”字看上去像个跪坐的女子，因为古人就是这样席地而坐的。

揭秘指事字的造字方法

阿拉伯数字 13 世纪后传入中国，1875 年才在我国正式使用。那么早期的中国人又是如何表示数字的呢？

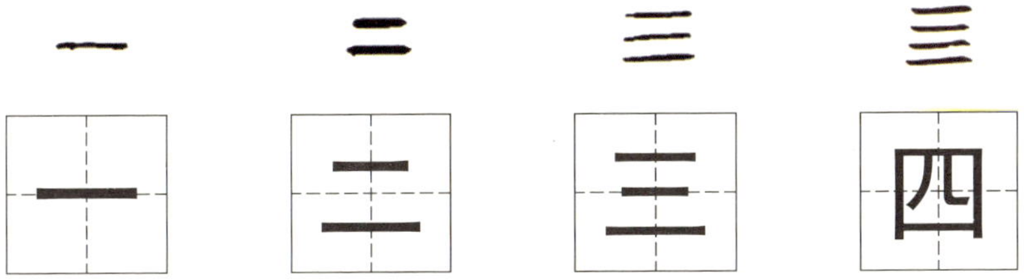

一起做游戏

想一想，这应该是一个什么字呢？

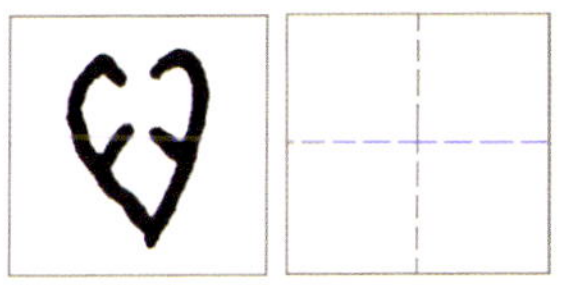

答案是：心。甲骨文中的“心”，是一个象形字，里面的短横可以看作心脏的血管，外面就像人的心脏形状，古人常认为心是人的情感和思维的器官。

看图猜义——会意字

从造字的特点来看，有些字用指事法也表达不明白，聪明的古人又想到办法了：他们用两个及两个以上的独体汉字，根据各自的含义和相互之间的关系，组合成了一个新的合体汉字，用来补充指事字难以表达的意义。

揭秘会意字的造字方法

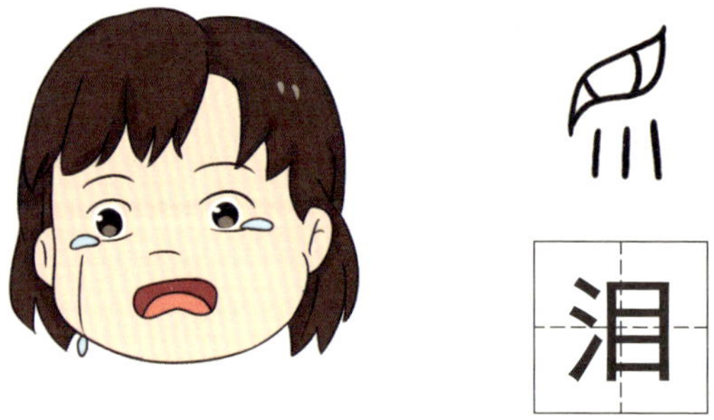

瞧，“泪”字，是不是“水”从眼睛里流出来？

“人”在树下休息，“人”和“木”组合成“休”字。

“从”字是一个古老的会意字，一个人跟着另一个人，形象地表达了“跟从”之意。

“石”字的甲骨文左半边像悬崖峭壁，右半边像石头，表达石头的取材地点来自山崖。

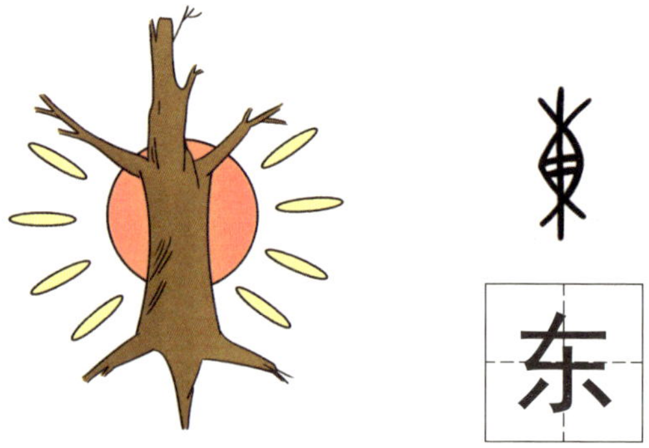

“东”字的甲骨文像一个两头扎起来、里面装了货物的大口袋。其实不然，这个字表达了太阳每天从树林里升起的方向，也就是东方。

“北”字从造字的角度来看，很像两个人背对背，本义是背离。古时候打了败仗，逃跑总是背对着敌人，所以“北”字也引申为打败仗，组词如“败北”。

一起做游戏

小朋友，你们知道这些字也是会意字吗？一个“口”字加上不同动物的名称，就可以区别不同动物的叫声，是不是很有意思？

答案：从左到右依次为吠、咩、鸣。

识字看半边——形声字

许慎先生的《说文解字》中记载：“形声者，以事为名，取譬相成。”形声字可以一分为二，一半是形符，一半是声符，形符用来表示汉字意义，声符用来表示汉字的读音。

什么是形符呢？我们先看下面这个例子。

江　河　湖　海　洋

这 5 个字都与“水”有关，所以它们的形符都是“水”部。“形声者，以事为名”中的“事”就是指字中形符所表示的内容。

说完了形符，再来讲一下声符。声符，顾名思义就是汉字中表示读音的部分。我们接着用“江、河、湖、海、洋”来举例。

湖　洋

它们的声符分别是：

胡　羊

有没有发现，这两个字声符和形声字的读音一样。

那么，江　河　海　的声符是什么？

工　可　每

有没有发现，声符和形声字的读音不一样了，这是为什么呢？这是一个非常复杂的问题，与古人造字时的想法以及汉字的演变有关。所以，声符可提示字的读音，但读音不完全等于声符，二者不可以画等号。

有些形声字的声旁还会表达一定的词义。

小知识

偏旁部首来说话

偏旁是构成合体字的一部分。古代人把左右结构的合体字的左边叫作“偏”，右边叫作“旁”。现在，合体字各部位的部件统称为偏旁。

部首是汉字中的一个特定部分，它通常是一个字的形旁，有时也可以是字的第一笔。部首在汉字中起着分类和检索的作用，是查字典时的重要工具。

一起做游戏

这是一首《小苗小苗找朋友》的童谣。仔细看一看，一个“苗”字，换一个偏旁，组成一个新字，它们的读音是不是基本都知道了？

小苗小苗找朋友，加个犬旁变小猫，找手握手能描红，见金有金是铁锚（máo），有目能看是瞄准，有口能叫是喵喵。

猫　描　锚　瞄　喵

借用一下，下次再还——假借字

汉字的造字法中，有一种方法是用象形的方式描绘事物的形态，这种造字法直接以图画的形式表达，如“山”“水”等字。另外，汉字还可以通过笔画组合的方式来构造，这包括指事字和会意字。

当有些图像实在难以表达时，古人就采用了假借的方法。假借是指借用已有的音同或音近的字来表示某个新的意义，这些被借用的字就成了假借字。严格地说，它不是造字法，而是用字法。

“闻”这个字，在甲骨文中，像不像一个人竖起耳朵在听什么的样子。

后来，它就被“借”去表示用鼻子嗅物，如今“闻”字已经具备听觉和嗅觉的双重功能了，即可以表示用耳朵听声音，也可以表示用鼻子嗅气味。

“要”的本义就是人的腰部，从字形上就能看出，是一个身姿绰约的女子两手叉腰。

后来，它被“借”去指“需要”等意思，为了明确指的是身体部位，特意又加上“月”字部，专指人的腰部。

“乌”是一个象形字，本义指的是乌鸦，字形看起来也像飞翔的鸟儿。

“自”诞生的时候可不是指“自己”，它本是“鼻”的象形字，后来假借为“自己”的“自”，这一“借”可就再也没还过！“自”的词义发展到今天，和鼻子已经毫无关系了。不过人们在指自己时，还是喜欢指着自己的鼻子。

后来人们在表达感叹时也用 wu 的发音，就在“乌”字旁边加了一个“口”字，专门用作感叹词，这也是假借字的一种情况。

“匪”字最初与“篚”字有关，指的是由竹子编织的筐。然而，随着时间的推移，“匪”字的含义发生了变化，被借用指匪徒、盗贼，也用来表示“非”，如“匪夷所思”，表否定之意。

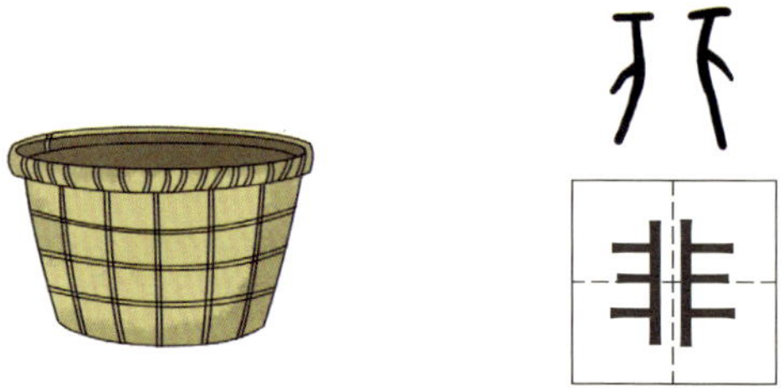

转注字

转注字也属于用字法，主要指字形和读音不同，但是意义相同或相近的字。通常是一组字或者一对字，可以相互解释。比如："考"和"老"都是"年纪大"的意思，但是我们现在已经不用"考"，只用"老"了。关于这对转注字，还有一个故事。

相传，清朝有一个书生，家境贫寒，因无钱贿赂考官，多年考试都没被录取。但年纪越来越大的他仍然没有放弃，坚持去考试。

主考大人看他头发都白了还来考试，就奚落他："上钩为老，下钩为考，老考老生，老生考到老。"

书生听了也不甘示弱，当即回击到："二人成天，一人成大，天大人情，人情大如天。"主考大人一时无法反驳，只好允他考中了。

再来看几组转注字，加深印象吧！

改 更

"改"和"更"，本意都是"更正、改变"，可以相互解释为：改，就是更；更，就是改。

至 到

"至"和"到"互为转注字，都表示"到达"的意思，无论字形还是词义都很相近，且互为解释。

舟 船

"舟"和"船"，甲骨文中""字从字形可见，当时的舟由木板制作而成。"舟"和"船"在古代可以互相解释，舟即船，指的是体型更轻便的航行工具。

空 窍

"空"和"窍"，都是"空着"的意思，都是穴字头。

病 疾

同部首同词义也可以互为转注字，"疾"和"病"是一对转注字，"疾"字就是生病之意，与"病"字偏旁相同，二者的词义也是相近的。

宋体字：专为印刷而生的字体

宋体字始于宋朝，成熟于明朝嘉靖年间，是专门为印刷设计的字体。它的基本形态来源于楷书，特点是笔画横细竖粗、横轻竖重，字的末端常带有装饰性的字脚，点、撇、捺、钩等笔画具有尖端形态。

雕版上的字都是反字，印在纸上就是正字了。

过渡期的仿宋体

从南宋开始，印刷字体开始发生变革。早期的雕版印刷品，字体先由书法家用楷书书写，之后由刻工直接临刻，最后印刷而成。这些字体虽然具有浓厚的书法气息，但雕刻过程极为耗时。随着时间的推移，为了提高效率，逐渐发展出了“仿宋体”等新型字体，这些字体不仅保持了书法的美感，还大大提高了雕刻和印刷的速度。

宋体最终定版

明朝时，印刷技术迎来高峰，印刷字体终于定版，就是我们今天所说的“宋体”。

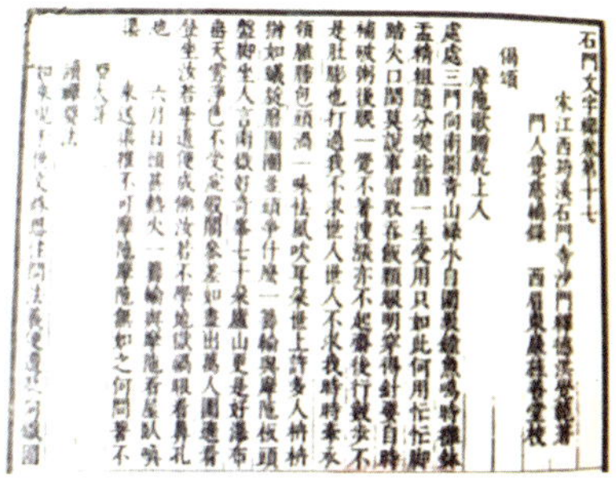

明万历二十五年（1597年）的《石门文字禅》。这个时期的印刷字体已经有了自己独立的风格。

宋体字被称为硬体字

到了清代，宋体甚至一举成为官方指定字体，越来越规范化，被称为“硬体字”。

随着报纸的普及和印刷技术的发展，传统的雕版印刷受到了很大的冲击。1897年，商务印书馆成立，并迅速成为当时规模最大、技术最先进的印刷企业。之后，印刷字体又发生了多次变革。

1915年前后，商务印书馆邀请清末民初四大刻工之一的陶子麟开发了“古体活字”。

1919年，商务印书馆印刷所主任韩佑之先生经过多次尝试，成功开发了以宋元版本为范本的仿古活字。

汉字化繁为简，脱颖而出

简体字的历史相当悠久。早在秦始皇统一六国并推行“书同文”政策，将小篆定为官方字体时，人们为了提高写字效率，开始化繁为简，简体字就已出现，直到唐宋以后简体字大量增加。新中国成立后，百废待兴，汉字也开始了一场“化繁为简”的瘦身运动。汉字简化减少了笔画数目，降低了记忆难度，人们认字和写字变得更加容易。

繁体字的小麻烦

在中华人民共和国成立之前，由于教育资源匮乏，很少有贫民能进入学堂接受教育，这导致建国初期民众的识字率普遍偏低，很多人都不识字。

汉字未简化之前，有些字的笔画太多、结构复杂，甚至有些字的异体字也在用，孩子们读书识字、学写字都很费劲。

汉字的两次简化

中华人民共和国成立初期，百废待兴，国家需要大量人才。为了更好地普及基础教育，提高国民素质，汉字简化使用变得尤为重要。1956 年，中国文字改革委员会（现国家语言文字工作委员会）通过了《汉字简化方案》，这一方案在很大程度上降低了汉字的学习难度。1977 年，中国文字改革委员会又推出了《第二次汉字简化方案（草案）》，俗称“二简字”，旨在进一步简化汉字，但“二简字”在实际应用中并未得到广泛接受和长期使用。

今昔对比。

小知识

笑话百出的二简字

二简字简化得有点儿过，闹出了不少笑话，比如：

1.“副局长”简化后写作“付局长”，很容易被误解为姓“付”的局长。

2.“翻”与“番”统一简化成“反”，结果“产量翻几番”就写成了“产量反几反”。

3.“蛋”被简化成“旦”，“圆”简写成“元”，“元旦”便有了两个含义，一是“阳历新年”，二是“圆圆的鸡蛋”。

这些由于汉字过度简化而引发的笑话给交流带来了不便，所以，短短几年时间，二简字就废除了。

最终的简化字

看看下面的表格，右边是繁体字，左边就是我们现在用的简化字。

简化字	繁体字
妇	婦
张	張
汉	漢
写	寫

从古至今，我们的汉字一直处在不断的变化和发展中，而化繁为简、简繁互补是中国文字演变的一个重要规律。随着时代的进步和人类的发展，当复杂的文字不再适应新的生活，文字也将向更加简洁的，人们更易于认识和学习的方向发展。过于复杂的繁体字，既不利于广泛传播和使用，同时也给孩子们的学习和认识带来了一定困难，因此需要把汉字简化。

现代春联用字。

现代课堂用字。

漂洋过海的汉字

早在秦汉时期，我国便开始与其他国家开展各种各样的文化交流，汉字也因此传播到了东亚、东南亚等许多国家。受我国汉文化的深远影响，曾有一些国家在历史上使用汉字作为书面语，形成了所谓的“汉字文化圈”。直到今天，仍然有一些国家在使用汉字或者汉字的衍生字。

日本各式各样的汉字

魏晋南北朝时期，中国与周边各国文化交流频繁。公元 372 年，位于朝鲜半岛的百济国派学者来中国学习。这些学者学成归国后，不仅将一些儒家经典著作带了回去，还促进了汉字在周边国家的传播。据说，百济国学者王仁曾经携带《论语》等儒家经典，到日本给皇太子讲授，这标志着日本开始正式接触汉字。从唐朝开始，中国与日本的交流更加频繁，汉字对古代日本的影响很大。

小知识

浩浩荡荡的遣唐使

遣唐使是指日本派往唐朝的使团。唐朝建立后，随着政治的稳定和经济的发展，开始积极与周边各国建立联系。从公元 630 年（唐太宗贞观四年）到公元 894 年（唐昭宗乾宁元年）为止，在这 260 多年间，日本向唐朝成功派出了多批遣唐使。随着唐朝的国力变化，遣唐使的目的和规模也发生了相应的改变。唐朝如日中天时，遣唐使的主要目的是将唐朝的先进文化、制度和技艺引入日本，以推动日本的社会进步和体制建设。安史之乱后，唐朝盛世不在，国力下滑，此时日本已经基本完成了国家制度的建设，遣唐使的规模和热情也大不如前。

现在在日本的房屋建筑上，你还会看到汉字匾额。

被誉为“日本正史之首”的《日本书纪》也是用汉字写成的。

就连日本人花的钱，都模仿中国钱币的样式，甚至也用汉字来命名，并刻在钱币上。

至今，日本还在继续使用汉字，一部分日文即使还是中国汉字的模样，却与汉字的本义相去甚远。

“手纸”一词，在中国汉字里指的是卫生纸，但在日语里是信的意思。

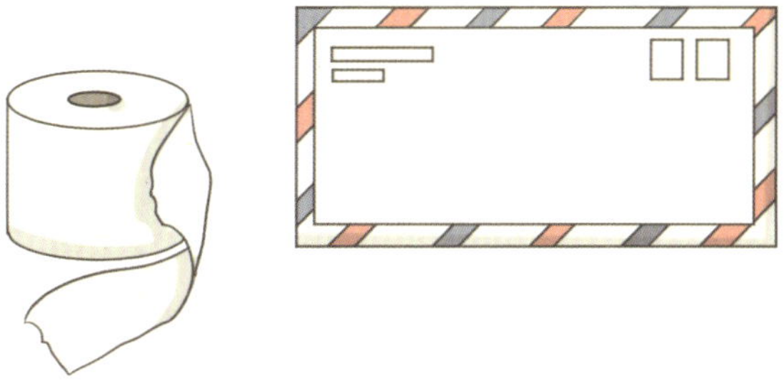

“娘”，在中国汉字里通常指妈妈或已婚的年长女性，有时也用来称呼年轻女性。但在日语中，“娘”通常特指年轻未婚女性，尤其是女儿这一身份。

古代朝鲜半岛各国也使用汉字

在朝鲜半岛上，曾经的朝鲜语并没有与之直接对应的文字系统。由于与中国有着紧密联系，朝鲜半岛上的汉文化高度流行。因此，汉字在很长一段时间内成了朝鲜半岛上多国的官方文字，用于书写公文、典籍等正式场合。

当地的人名和地名大多都是仿照汉字书写的。

官方的正式文书和文人的创作也都用汉字书写。

去古代越南寻找汉字的影子

“喃字”是古代越南使用的一种文字，它是在中国汉字的基础上形成并发展起来的。直到第二次世界大战结束后，随着越南拉丁化文字的推广，喃字的使用被系统地减少，并最终在官方层面被废止。

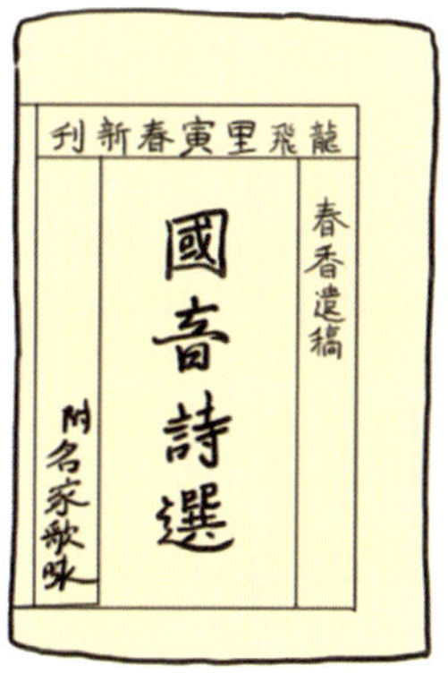

现在的海外汉字热

现如今，会说汉语，会写汉字，已经不再是中国人的专利。很多外国人也对汉字产生了浓厚的兴趣。

国外街头的汉字招牌。

国外某大品牌服装上的图案是草书。

外国人设计的红包运用了汉字元素。

汉语拼音，帮你认识更多的汉字

汉字，能吟出一首首动人的诗篇，能写出一篇篇优美的文章。然而，汉字的学习难度也是有目共睹的。人们要想识字，就得一个字一个字地学习和记忆。即使学了好多年，碰到生僻字时，仍有可能读不出音来。这一点连古人都感觉苦恼，于是他们想出了各种办法来给汉字注音，由此便演变出了注音符号，以及后来广泛应用的汉语拼音。

复杂的注音方法

古人想出了两种独特有趣的注音方法。

1. 用同音字读生字，名为“直音”。

“蓍”用“苟”来注音。

“耋”用“迭”来注音。

“毖”用“币”来注音。

“晁”用“潮”来注音。

2. 如果生字找不到同音字来注音怎么办呢？聪明的古人也有办法，他们用“反切”的办法帮助人们读出字音。

都：用“德”的声母 + “乌”的韵母。

邕：用“于”的声母 + “容”的韵母。

我们借用现代的汉语拼音来说明，就一目了然了。

都：d(e)+(w)u=du　邕：y(u)+(r)ong=yong

传教士带来了拉丁文注音法

公元 1552 年至 1610 年间，意大利传教士利玛窦来到中国。为了更有效地学习汉语，他开始钻研汉语发音，并用拉丁字母标注汉字的读音。后来，利玛窦和其他传教士合作，编写了《平常问答词义》（后人称之为《葡华辞典》）。许多学者研究认为，《葡华辞典》很可能是汉语拼音的鼻祖。

利玛窦还用拉丁文拼写汉语方言，写信记事。

汉语拼音出炉啦

后来，我国专家开始研究读音方案，其中被誉为“汉语拼音之父”的周有光是《汉语拼音方案》的主要制订者。随着时间的推移，《汉语拼音方案》得到了广泛推广，成了小学生必修课，并正式进入小学课堂。《汉语拼音方案》的出现，标志着西方字母成了中国汉字体系的一部分。它使汉字有了统一、规范的读音，有利于提高学龄儿童学习汉字的效率。现如今，无论是电脑输入还是火车编号等，都离不开汉语拼音。

声母加韵母，再加上 4 个声调，即可拼出汉字读音。

汉语拼音走进人们生活

《汉语拼音方案》的确定，不仅被推广至校园，还深入到了大街小巷、田间地头、商店食堂等社会的各个角落。人们在地里干活、休息时，也都乐于互相学习拼音。从此，汉语拼音开始迅速普及，极大地促进了中国人文化素养的提高。

各式各样的现代艺术字

艺术字，是经过加工、美化、装饰的文字，是一种运用装饰手法美化文字的书写艺术，是艺术加工的实用字体。我们经常会在学校的墙面设计、宣传海报、杂志、衣服、商品外包装等地方，看见姿态各异、颜色多变、形状奇特的汉字。

学校走廊里、教室墙面上，那些精心设计的美术字仿佛一阵清新的艺术之风，让整个学习环境充满了艺术的气息。

新年黑板报，唐果同学用色彩鲜艳的艺术字写上年份和主题词，搭配各种图形的装饰，特别抓人眼球。

教室内墙上的装饰不宜过于华丽，只需要几个气势磅礴或者隽永秀丽的艺术字，就能展现出书香满园的气质。

从学校回到家，我们也能看见不少精美的艺术字。

妈妈正在看书，书的封面用字就是造型独特的艺术字。

快看！妈妈身上穿的那件外套上有一个十分醒目的艺术字。

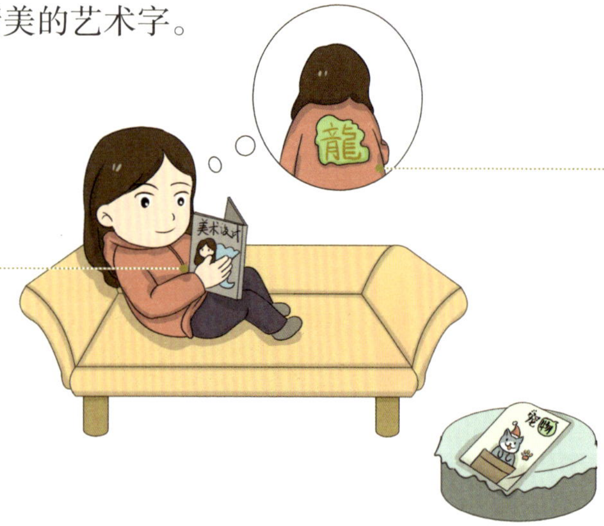

桌子上放着的宣传单，图案设计虽然很简单，但两个艺术字的使用，使版面的趣味性大大增加了。

出门在外，满街的艺术字真是各式各样，看得人眼花缭乱。逛超市时，你会发现那些商品外包装上的艺术字多么生动有趣啊！货架上，商品分类牌子上的艺术字也很清晰醒目，让人一目了然。

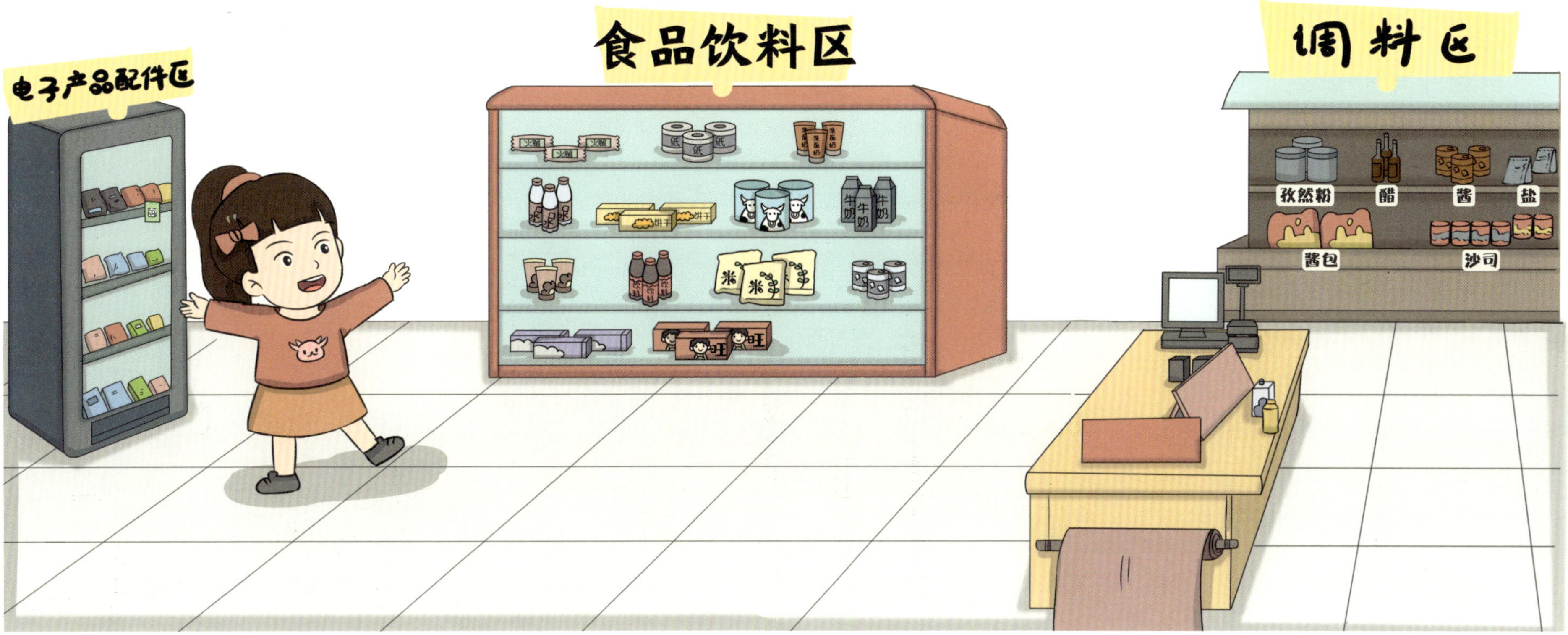

除了奇妙的视觉效果，艺术字还有精神层面的追求，能够美化人们的生活，给人以精神享受。最突出的例子就是过年时，家家户户贴的春联。

对联上的艺术字大多是毛笔字，字体形式多样，都是对新的一年的美好祝愿。

结婚是男女双方家庭的喜事，热热闹闹的婚礼上也会用到一些艺术字，用来表示和和美美的美好祝福。

“寿”是老年人生日专用字，表达的是对老人的祝愿。寿字不宜写得太夸张，要突出庄重和敬意。

除此之外，现代艺术字的形式和作用还有很多。小朋友们，你们可以在生活中细心观察、耐心寻找哟。

这些有趣的汉字，你认识吗

有些汉字很特别，或是两个字合成，或是三个字叠加，或是出现在各个地方的口语中。

合体字与合成字

合体字是将两个或两个以上的单字组合在一起形成的新字。而合成字是合体字中一个比较特殊的门类，它原本是汉语中一个常用的词语、词组，但由于这些词语、词组在方言中使用的频率很高，就把这些词语在讲究字形美观的前提下原封不动地组合成了一个独有的汉字。

小朋友们，你认识右边汉字墙上的字吗？你还知道哪些合体字？可以写在右边汉字墙的空格里。

有趣的读音

有些合成字的读音很有趣，比如，“嘦”字就是将“只要”一词的拼音“zhǐyào”快速连读得到读音“jiào”的。“孬”字就是将“不好”一词的拼音“bùhǎo”快速连读得到读音“nāo”的。

小知识

教你学会音序查字法

查字典的方法大致分为三种：音序查字法、部首查字法、笔画查字法。

其中音序查字法最简单，掌握汉语拼音是关键。这种查字法适用于知道字的读音，想去了解字意。例如：“爸”字，先找到大写字母B，再查“a”，按声调找到“爸”字，翻到相应页数即可。

合体字怎么查找

一般都要用《新华字典》的“难检字检索表”去查找，因为它们是由一个词语组合而成，偏旁部首可能是其中一个字原来的部首。

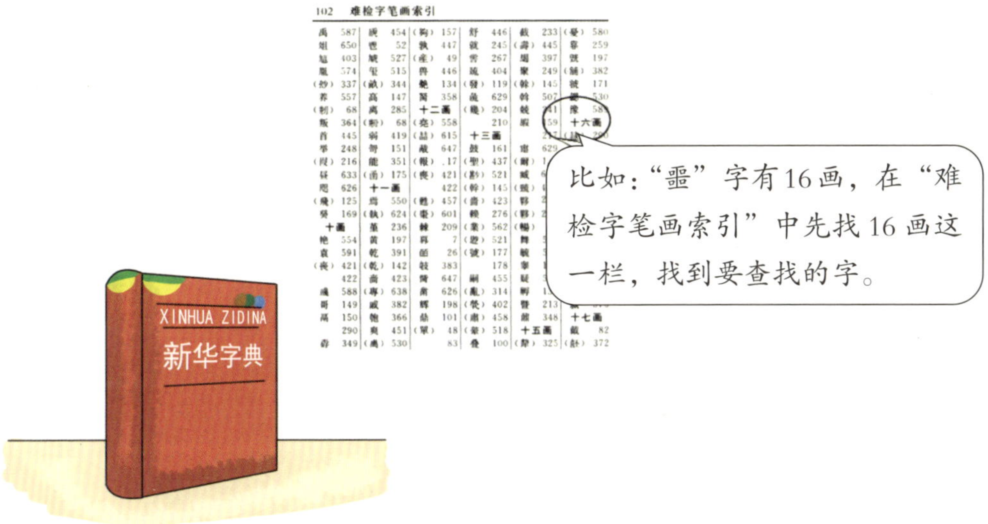

三叠字

三叠字，就是品字形字，由三个相同的汉字组成。下面这些字，看看你认识几个。

三个金：鑫，xīn，财富兴盛。

三个木：森，sēn，形容树木茂密、繁多。

三个水：淼，miǎo，形容水大。

三个火：焱，yàn，火花、火焰的意思。

三个土：垚，yáo，山高的意思。

三个马：骉，biāo，众马奔腾的样子。

三个羊：羴，shān，就是羊肉的气味。

三个牛：犇，bēn，奔的异体字，意思是急走、跑。

方言汉字

𰻝（biáng）是一个合体字，有多种写法。𰻝𰻝面是陕西关中特色传统风味面食，因为制作过程中有biáng、biáng的声音而得名。

未来的汉字会如何呢

人类已经飞到月亮上了，未来的汉字会不会也和人一样，在真空环境里飘浮起来，飞到人类的眼前，让你知道它的意思。

或者出现了新的高科技手段，人们把芯片植入大脑，不用听，也不用看，就可以知道对方想要表达的意思？